미로迷路에서

미로迷路에서

초판 1쇄 2010년 10월 20일
지은이 강민
펴낸이 김영재
펴낸곳 책만드는집

주소 서울 마포구 합정동 428-49번지 4층 (121-887)
전화 3142-1585·6
팩스 336-8908
전자우편 chaekjip@chol.com
출판등록 1994년 1월 13일 제10-927호

ISBN 978-89-7944-347-9 (03810)

미로迷路에서

강민 시집

책만드는집

| 책 머리에 |

늘 그렇지만 역시 자괴自愧의 마음 크다.

이번에는 좀 부지런을 떨어보자 스스로 다잡아봤지만, 또 이렇게 느린 행보를 계속할 수밖에 없었다. 변명이야 왜 없으리오. 번다한 세속 잡사에 불청객 '암'과 싸우게 되고, 뜻하지 않은 아내 소국당이 맞은 병마와 타계……. 정말 정신이 없었다.

작년이 희수喜壽였다. 그래서 아내와 상의하여 기념으로 지지난해 연말쯤에 이 시집을 엮을 심산이었다. 헌데 다 허사가 되었다. 망연자실하고 다 포기하고 있는데, 몇몇 벗들이 빨리 상심傷心에서 벗어나라고 시집 출간을 권했다. 그 고마운 벗들의 우정에 편승하여, 아내에게 주는 마지막 헌사獻詞 겸 이 시집을 낸다.

시집은 대체로 5부로 나누었다.

시국과 관련된 글과 그에 따른 나름대로의 느낌을 1~2부에, 훼손되는 자연, 울부짖는 자연의 비명과 역사적 감상을 3부에, 15년을 양평 동오리東梧里에 살며 서울을 오가면서 쓴 연작시 「동오리 시편東梧里 詩篇」을 먼젓번 시집에 13편까지 게

재했는데, 이번에 그것을 35편으로 마무리하여 14~35편을 4부에 실었다. 여기에는 아내의 입원, 수술, 타계로 이어지는 내 망부가望婦歌도 포함되어 있다. 5부에는 그리운 사람들에 관한 글만 모았다. 통곡 속에 간 두 전직 대통령과 존경하는 선배, 아쉽고 그리운 친구들에게 바치는…….

한 가지 부언할 것은 2006년에 이행자 시인과 함께 시화전을 열며 낸 2인 시집의 내 작품 가운데서 먼저 낸 내 시집에 게재되지 않은 글을 여기 다시 수록하기로 한 것이다. 아무래도 개인 시집에 정리해두는 것이 좋을 듯해서 그랬다. 그리고 장마 더위를 무릅쓰고 발문을 써주신 구중서 선생의 충고로 몇 편의 구고舊稿는 빼기로 했다. 새삼 구 선생의 깊은 우정에 머리 숙여 감사드리며, 아울러 기꺼이 시집 간행을 맡아주신 책만드는집의 김영재 시인과 편집부 여러분께 고마운 인사를 드린다.

—2010년 9월 용인 동백산장에서

강 민

| 차례 |

2부

3부

4부

5부

1부

기상도氣象圖

바늘이 거꾸로 돌고 있다
이상 고온으로 무더운 가을날
2008년 한국의 하늘 밑
시계바늘이 일제히 거꾸로 돌고 있다

어디선가 실성한 듯
거대한 손들이 춤을 추며 웃고 있다
무리들은 그들만의 기쁨에 겨워
바늘을
역사의 수레바퀴를 거꾸로 돌리고 있다

어둠은 허리케인을 타고
태평양을 건너와
이 땅에도 몹쓸 비바람을 뿌린다

만나야 할 사람들의 거리는
더 멀어지고
우리들의 사랑은
몽땅 미분양이다

-2008. 9. 21. 《미네르바》

미로迷路

눈은 밤새도록 내렸다 사방이 하얗게 뒤덮여 방향을 가늠할 수 없었다 우리는 또 밤새도록 힘없는 발걸음을 옮기고 있었다 목표물이 전혀 없는 눈 덮인 벌판에선 앞선 사람의 발자국만 밟고 따라갈 수밖에 없었다 그렇게 걷고 또 걸었다 얼마를 걸었을까 먼동이 트기 시작하며 사방이 훤해졌다 눈은 어느덧 멎고 아무 흔적도 없는 벌판에 우리 발자국만 선명하게 찍혀 있었다 동그랗게 동그랗게 직경 십여 미터의 원을 그리며 그 발자국은 제자리에서 빙글빙글 돌며 찍혀 있었다 1951년 1월 후퇴 대열에서 낙오한 우리 다섯 사람의 전쟁터는 그렇게 갈피를 잡을 수 없는 미로를 헤매고 있었다

-2004.《문학과창작》

어떤 추상화抽象畫

아직 다리는 놓이지 않았다
섬과 섬들은 여전히
멍든 가슴을 치며 외롭게
구원을 기다리고 있다

능욕당한 촛불이
침울한 하늘에 걸려
노을로 불타고 있다

까마귀 떼가 날며
사방에 무수한 눈들이 노려보고 있다
숱한 귀들이 엿듣고 있다

그들은 어디로 갔는가
안타까운 숨소리만 남고
거리에는 통곡의 어둠이 깔린다

안개 낀
고공에서

창고에서
농장에서
어선에서

섬과 섬들은 여전히
목이 터져라 아우성치며
구원을
자유를 기다리고 있다

–2008. 9. 17. 《미네르바》

우기雨期

2006년 7월
극동 아시아 한반도의 날씨는 장마철
3호 태풍 에위니아가 남해안으로 올라
날카로운 발톱으로 내륙을 할퀴고 지나더니
4호 태풍 또 몰아치고
이제는 집중 폭우로 마구 때린다
산사태, 교통 두절, 농가 박살, 인명 피해……

그 가운데 여전히 수심獸心의 무리들은
온갖 술수와 음모로 춤을 춘다

저희들이 한 약속은 헌신짝처럼 던져버리고
골목대장 철부지는 일방적으로 발가벗으라 윽박지르고
조무래기 북녘은 거기 맞서 허세를 부리니
촌놈 사무라이는 야스구니에 참배하며 선제공격 운운이다

그래 이 땅에 봇물 터지고 전쟁 나면
죽는 건 누구인가
그 불벼락, 물벼락은 누가 맞는가

미시시피의 여우, 대륙의 곰,
한대寒帶의 이리, 천방지축 원숭이
정말 그들이 평화를 원하는가
정말 그들이 갈라진 한반도의 하나 됨을 바라는가
조무래기 남북의 기상도氣象圖는
오늘도 앞길 막막한 장마철이다

-2006. 7. 26.

그날을 위하여

기억의 저편
아득히 잊었던 날의 그 길을
그이가 오고 있다

진달래 피고 지고
요란하던 푸른 여름의 비극도 가고
달음질치며 산천 물들이며
고달픈 삶의 흔적 핏빛으로 남기더니
어느새
하얀 통곡의 나날도 풀리고

기억의 저편
먼지 이는 우리의 황톳길을
그리운 그이가 오고 있다

아, 사랑아!
먼 길 돌아온 사랑아!
진달래 다시 피어
그대 오시는 길에

아름 따다 뿌려드리오리다*

-2007. 《불교문예》 겨울호

* 소월 시에서 차용.

새벽 2

–이라크 광상곡狂想曲

밤의 밑바닥을 기어 그는 소리 없이 다가왔다
음험한 냄새가 났다
비릿한 살냄새에 초연硝煙 냄새
간교한 그는 이미 새벽의 뜻을 훔치고
타협할 여지조차 남겨놓지 않았다
사방에 온통 부싯돌 켜대어 불 지르고 분란을 일으키더니
육중한 쇠붙이로 깔아뭉개고
이제는 주름 잡힌 어색한 웃음으로 손을 내민다

아, 세기 초世紀初 역사의 비극은 그 손에서 비롯됐는데
그 불길 어찌 끄랴
차라리 내 몸 불사르리, 맞불 놓지만
그 아이
그 여인
불쌍한 사람들
잃어버린 눈
잃어버린 손, 팔
잃어버린 다리
도둑맞은 자유

도둑맞은 꿈
도둑맞은 사랑
도둑맞은 평화
도둑맞은 정의
도둑맞은 그 새벽의 뜻은 돌아오지 않는다
돌아오지 않는다

-2003. 5. 20. 《문학과창작》

밤 기차에서 5

어둠 저편에
끊길 듯 이어지는
소리 있다
얼핏 뜻을 알 수 없는
소리의 전달
사랑의 소리인가
배신의 신음인가
어둠은 점점 짙게 깔리는데
이 몸은 후끈
활화산처럼 달아올라
좌불안석이다
목젖은 타고
가슴은 두방망이질
그 뜻은 여전히 모른다
모르는 대로
달려
달려가고 싶은 그 강변
그 산기슭
아득히 먼

고구려의 땅

-2002. 《문학시대》 여름호

비망록備忘錄에서 1

-4·19 혁명 점묘

요란한 불자동차 소리 나더니
깃발, 옷가지, 손수건 따위를 흔들며 소리치는
신문팔이, 구두닦이, 막노동자, 노점상, 지게꾼 같은
누추한 몰골의 젊은이들을
뒤칸에 잔뜩 태운 소방차가 와 멎었다
많은 인파가 몰려 있는 을지로 입구 내무부 청사 앞
1960년 4월 20일
온 장안이 데모대의 함성으로 뒤덮이고
사방에선 총성이 울리고
신문사가 불타는 등, 거리는 질서가 무너지고
영구 집권을 꿈꾸는 불의와 부정의 무리들
물러가라 소리치며
폭압으로부터의 해방과
3·15 부정선거의 무효화를 요구하는
데모대의 함성이 요동치고 있었다

시내 곳곳에서 함성이 일고
저녁 어스름이 깔린 거리에서
나는 비겁한 방관자였다

내무부 청사 정면에는 기관총인 듯한
무기가 이쪽을 향하고 있었다
민중의 자유를 억압하는 '자유당'
그 망령의 방패가 단말마를 맞아 곧 불을 뿜을 듯
이쪽을 향하고 있었다
"모두들 내리시오. 저놈들을 깔아뭉개겠소"
운전석에 앉은 시커먼 얼굴의
이미 사상死相을 띤 젊은이가 외쳤다
놀란 사람들은 우르르 뛰어내렸다
순간 청사 쪽에서 총성이 울리고
비명 소리가 나고 몇 사람이 쓰러졌다
부르릉 시동을 건 소방차가
그 정면으로 돌입했다
'쾅!'
총소리가 멎고, 누구랄 것도 없이
와! 박수가 터지고
"만세! 만세!"를 불렀다

그때 학생들이 앞장선 4·19의 혁명은

어쩌면 이렇게 소위 양아치들, 밑바닥 민초들의 가담으로
승리했는지도 모른다

-2008. 4. 5. 《시평》 여름호

비망록備忘錄에서 2

—철거撤去

어머니는 밥상을 들고
어쩔 줄 몰라 우왕좌왕하셨다
오후 다섯 시까지 철거하라는 통지를 받고
그 집에서의 마지막 식사를 하려던 참이었다

서울 중구 광희동 2가 65의 2
그 험한 전쟁에서도 용케 견뎌
늙으신 어머니와 우리 삼 남매에게
풍상을 막아주던 남루하지만 따뜻했던 판잣집

돌연 밖에서 쿵 하는 굉음과 함께
천장에서 풀썩 먼지가 일며 와르르 깨어진 기와가
쏟아져 내렸다
시간은 아직 다섯 시 전이었다
나는 충혈된 눈으로 밖으로 뛰쳐나갔다

건장한 사내가 시커먼 얼굴로 해머를 휘두르고 있었다
"야, 이건 살인 아냐.
어떻게 사람이 안에 있는데 집을 허물어"

나는 그의 팔에 매달리며 소리쳤다
"그리고 아직 다섯 시 전이잖아"
그러자 사내는 싱긋 웃으며 턱으로 가리켰다
"난 몰라요. 시키는 대로 할 뿐이지.
저 사람한테 가서 말해봐요"
거기 한 사내가 다리를 꼬고 앉아 있었다
그리로 쫓아가 나는 같은 소리를 외쳤다.
그러자 그가 말했다
"공무 집행 방해!"라고

얼마 전부터 일대의 철거 소문이 나고
동회 직원들이 돌아다니며
상계동에 대토代土를 줄 테니
자진 철거하라고 회유를 했는데
주민 대부분이 떠난 그 집에서 나는 끝까지 버티고 있었다
사실 그 무렵 상계동은 사람이 가서 살 데가 아니었다
생활 기반 시설은 물론, 그들이 준다는 땅도 황무지일 뿐
아무 가치도 없었다

여기저기서 비명 소리가 나고
식구들이 뛰쳐나와 멍하니 바라보는 거기서
우리 집은 허물어져 갔다
동회 직원들은 모두 어디론가 달아나고
동회는 텅 비어 있었다

문득 무등산 판잣집 철거 때 불붙은 집을 보고
철거반원을 살해한 현역병 생각이 났다
"오, 하느님!"
1967년 부정부패를 척결하고 국가의 혼란을 막기 위해
일어났다는 군사정권의 불도저 시장이라는 자가
경제 개발과 신도로 건설이라는 미명하에 저지른 만행이었다
-2009. 1. 25.

삼도천 기행三途川 紀行 1

뒤에선 포성이 들리고
굶주리고 지친 우리는 비틀거리며 걷고 있었다
강산은 하얗게 눈으로 덮여 있었으나
숱한 발길에 밟힌 길은 녹으며 질척거렸다
터진 신발로 스며드는 찬 물기에 얼어 발은 감각이 없었다
그때 우리에게는 밤낮이 없었다

북의 전력에 밀려 남으로 후퇴하는 우리에게는
일체의 보급이 끊기고 잠잘 곳도 없었다
외딴집을 보면 불을 지르고 동사凍死를 면했다
하루 한 끼, 얼어터진 주먹밥이
실낱같은 목숨을 부지시켜주더니
그것도 멎었다

어디쯤일까
서너 사람씩 팔짱을 끼고 밤새 걷고 있던 우리는
또 몇 사람의 낙오자를 내고 비틀거리며 걷고 있었다
극한상황에서 한계에 이른 우리는
차츰 대열을 이탈하는 낙오자와
쓰러져 잠드는 이들을 외면하고

걷고 또 걸었다

감각이 없었다
집이 그립다
따뜻한 가정, 가족들이 그립다
눕고 싶다
그만 누워서 쉬고 싶다

앞이 안 보인다
노란 장막이 시야를 가리고
눈 덮인 하얀 산하와 질척이는 길이
아늑한 안방처럼 느껴진다

갑자기 누가 소리치며 내 따귀를 때린다
"야, 정신 차려!"
후딱 꺼지던 정신이 든다
비틀거리는 나를 잡아주는 그도 비틀거리고 있다
시커먼 얼굴에 실룩이는 힘없는 웃음을 나눈다
저승의 문턱에서 잡아준 그가 고맙다

다시 또 걷는다
이제는 정말 한계인가 보다
눕고 싶다
누워서 쉬고 싶다

길가 하얀 눈밭 위에 뭔가 까만 것이 있다
무의식중에 그것을 주워 입에 넣는다
오징어 다리다
누가 먹다 떨어뜨린 오징어 다리다

입에 침이 고인다
시야가 말갛게 밝아진다
유령 같은 사람들이 보인다
전후좌우로 비틀거리며 걷고 있는 젊은이들
1951년 1월
열아홉 살의 나를 포함한 헤아릴 수 없는 젊은이들이
〈장정 소개령〉이라는 포악한 포고布告에 끌려가고 있었다

–2008. 2. 1. 《문학마을》

삼도천 기행三途川 紀行 2

1

무더운 여름
환한 대낮 누추한 방에
25세의 그가 누워 있다
주위는 적막한 채 가난의 낙인만 보이고
식구들은 호구지책을 찾아 뿔뿔이 밖으로 나가
몹쓸 병으로 대야에 피를 토하며
텅 빈 가슴
하얗게 마른 얼굴로 그가 홀로 누워 있다

2

잘 알지도 못하는 이념의 죄값에 쫓겨
끌려간 전쟁터에서 얻은 병과
천형天刑인 가난은 구원의 길마저 막혀
아, 이제 더 무엇을 바라랴
어머니가 간곡히 믿으시는 하느님까지 원망스러워

빗물에 얼룩진 천장의 무늬가
지나온 길들을 추상적으로 어지럽게 회상시켜주고 있다
그때 문득

천장에서 노란 장막이 천천히 내려와 시야를 가린다

3

누웠던 그가 일어난다
1년여를 자리보전하며 앓고 있던 그가 일어난다
허나, 누웠던 그 자리에 그는 여전히 누워 있다
그가 그를 보고 있다
일어난 그가 노란 장막 속으로 걸어간다
허우적허우적
어쩐지 가볍게 노란 허공 저편으로 걸어간다

작아진다
점점 작아진다
콩알만 해진다
장막의 끝
강물이 흐른다
죽음이 흐른다

4

정신이 아찔해진다

순간 누가 뒤에서 잡아당기는 것 같다
콩알만 한 그가 돌아선다
돌아선 그가 가던 길을 되돌아온다

커진다
자꾸 커진다
커진 그가 자리에 누운 그에게 겹쳐 눕는다
하나 된 그의 눈에
환한 여름의 대낮 얼룩진 천장이 보인다
화끈, 알 수 없는 열기가 온몸을 감싼다

5

장막은 사라지고 그는 배가 고프다
부엌으로 기어 나가 퍼마신 한 바가지의 물
허겁지겁 씹어 삼킨 한 덩어리의 누룽지
어지러운 과거가 소용돌이친다
생각이 180도 회전한다
고생하는 가족들에게 미안하고
못 만나는 친구들에게 미안하고
이승의 생을 주고 환한 대낮과 이웃의 사랑을 알게 하시는 하느님!
그분의 무한하신 사랑이 고맙다

그리고 깨닫는다
장막 끝 강변에서 떠나려는
그를 잡아끈 힘의 존재를……
아, 어머니!
행상으로 피멍이 든 나날에도
새벽마다 교회에 나가 내 아들 살려달라고 애원하신
어머니의 기도!

멋모르는 의사는 고개를 갸웃거리며
기적이라 했다
그는 살았다
죽음의 권세에서 벗어나
다시 살고 있다

-2008. 1. 25. 《창작21》 봄호

세수洗手

흔들리는 수면 가라앉는다
거울이다
거울 저편에 길이 있다
오는 길인지 가는 길인지 아득하다

문득 한 사람 뒤돌아서 멀어져 간다
깡마르고 왜소한 그이는
분명 아버지다
고아로 자라 평생을 외롭고 험하게 살다 간
그이
왜소하지만 꼿꼿하고 올곧던
아버지
분명치 않은 그 길가에
이름 모를 들꽃송이 피어 있다
하얀 소복의 나이 든 여인 한 사람
망연한 눈길 석양에 던지고 기도하고 있다
가난한 집안 살림 지탱하기 어려워 행상을 떠나며
약석의 효험 없이 이제 곧 떠나갈 것만 같은
병약한 아들의 회복을 새벽마다 기도하던

어머니
사랑, 사랑만 가르치고 떠나신
그이
그이들 떠난 자리에 적막이 감돌더니
외로운 소나무 한 그루 서 있다
그 가지 끝에 남은 잔설殘雪 몇 송이
파르르 날리며 떨어진다
3년 전 먼 이국異國에서 외롭게 이승을 등진
누님
그 모습 보이더니 멀어져 간다
언제나 젊고 아름다워 보이던
그이

흔들리는 수면 가라앉는다
거울이다
거울 저편에 길이 있다
오는 길인지 가는 길인지 아득하다

그이들이 떠나고 손을 씻으려는데

한 사내 그 길을 거슬러 오고 있다
창백한 그가 빙긋 웃는다
어색한 웃음의 어딘가 낯익은 그
그가 손을 흔든다
수면이 흔들린다
거울이 떨리며 깨진다

아, 환한 봄날 아침
쓸쓸한 내가 서 있다
부엌 쪽에서 분주한 아내의
아침 준비 소리 들린다
오늘은 부활절 주일 아침
창밖에는 봄비가 내린다

-2008. 3. 23. 《문학과창작》

명동, 추억을 걷는다

2007년 3월 29일, 오전 11시 40분경
약속 시간이 남아
내 추억의 앨범에는 없는
낯선 명동을 걷는다
2, 30대의 우리가 거의 날마다 들러
헤매던 거리와는 완전히 달라진
화려하게 분칠한 명동을 걷는다

지하철 명동역에서 내려 충무로를 가로지르려다
문득 태극당 앞 건물 지하에 있던 〈음악회관〉 생각이 난다
건장한 체구의 노익장이셨던
첼리스트 김인수 선생이 운영하시던
거기서 천상병을 위시한 우리는
무척 선생의 속을 썩여드렸다
이추림, 김희로의 〈오시회午詩會〉도
여기서 주로 모임을 가졌었지
충무로에 들어선 김에 우측으로 돌아
명동성당 길로 발길을 옮긴다
길모퉁이, 여기쯤이던가

이산 김광섭 선생이 내시던 문예지 〈자유문학〉사가 있었지
편집을 하던 이는 시인 김시철,
또 다음에는 소설가 박용숙이었던가
거기를 통해
남정현, 최인훈, 송혁, 남구봉, 권용태, 황명걸 등이 등단했고
아니지 결국 나도 그리로 등단하지 않았던가
조금 내려가니
우측에 빈대떡 집 〈송림〉, 〈송도〉 자리가 보인다
아나운서 유창경, 소설가 정인영, 송기동, 시인 김춘배,
출판 편집인 김승환, 김상기 등이
때로는 거의 고장 난 고물 시계를 맡기고 외상술을 마셔도
싫은 내색도 없이 오히려
"너희들 술 좀 작작 마셔라. 몸 상할라"
염려하시던 주인아줌마들……
70년대 어느 날에는 〈겨울공화국〉에 쫓기는 양성우 시인과
야인 백기완과 여기서 급한 회포를 나누기도 했지
아, 잊을 수 없다,
그때 쏘아보던 양성우 시인의 새파란 야수 같은 눈빛!
폭격으로 폐허가 된 건물 지하에

수십 집이 얼기설기 칸을 막고 영업을 해서
우리가 〈아방궁〉이라 불렀던 곳에는
이제 이름 모를 큰 빌딩이 치솟아 있고
박성룡, 이규헌, 이일, 이창대, 김관식,
이현우, 송혁, 신기선, 송영택 등이
소금으로 안주를 삼고 동동주라는 카바이트술을 마시던
언덕배기의 〈몽파르나스〉는 이일 시인의 명명命名이었던가
이현우가 자주 노숙을 한 공원이었던
제일백화점 자리는 흔적도 없고
그 앞에 있던 음악 감상실 〈돌체〉, 〈엠프레스〉
폐 질환으로 파랗게 질린 표정의
천재 화가 김청관을 비롯한 박서보, 문우식, 최기원 등의
화가며 조각가들의 모습이 떠오르며
거기서 DJ 역할을 하던
나중에 조선일보 문화부장을 한 정영일 생각도 나고
좁은 골목 안에 있던 〈쌍과부집〉은 알콜 중독의 천상병이
주기酒氣가 떨어지면 가서 큰 유리잔으로
막소주 한잔을 홀짝 마시던 곳이었지
다시 명동의 본길로 돌아와

복원 중인 〈국립극장〉 쪽으로 걷는다
왼쪽의 화려한 패션 상점 거기에
〈청동〉에서 〈금문〉 〈송원〉으로
이름이 바뀐 찻집이 있었지
늘 그 자리에 눌러앉아 연방 담배를 피워 물며
끊임없이 찾아오는 여학생들의 손을 만지작거리시던
〈청동문학〉의 주인이시며
우리 문단의 원로 공초 오상순 선생!
거기서 만난 남구봉, 신봉승, 김종원 등의 친구와
멋쟁이 선배 황명, 최재복,
그리고 김금지, 최희숙, 박정희 등의 여자 친구들
아, 지금의 내 아내 소국당小菊堂도
거기에 이따금 출입했었지
그 위가 〈송원기원〉이었는데
우리나라 바둑계를 이끌던
조남철 선생이 운영하시던 그곳에서
민병산, 신동문, 김심온, 신경림,
황명걸, 이시철, 김문수 등을 만난다
겨우 두 집 내면 사는 정도밖에 모르는 내게

조 선생은 떡 8급 딱지를 붙여주시고……
네거리에 서면, 국립극단 초년생으로 무대에 섰지만,
열정적이고 인상적이었던
김금지의 〈만선滿船〉 무대 연기가 생각난다
왼쪽으로 발길을 돌렸다가 다시 을지로 쪽으로 꺾는다
탤런트 최불암의 어머니가 운영하시던 그 유명한 목로 〈은성〉
그 자리 앞에 선다
그 집의 벽화로 불리운 명동 백작 이봉구 선생,
박봉우, 문일영, 김하중, 이문환 등의 시인 묵객들……
모두가 그리운 이름들이다
그리고 그 앞집이 〈몽블랑〉이었다
내 인생의 진로를 바꿔놓은 영화감독 김소동 선생이
늘 진치고 계시던 찻집
어려서부터 영화에 미쳐서 그 길로 가려고
서라벌예대 첫해 연극영화과에 입학하려는 나를 극구 말려
동국대 국문과로 돌려놓으신 선생님!

여기서 문득 내 추억 걷기는 멎는다
약속 시간이 다 되고 그 장소가 바로 거기 보였기 때문이다

〈갈채〉〈코지코너〉〈동방살롱〉〈청산〉〈도심〉〈문예살롱〉
등의 찻집과
〈명천옥〉〈구만리〉〈할머니집〉〈도라무통집〉
등의 대포집……
많은 이들이 가고 명동은 변했다
허지만 아직도 많은 명동 구석구석의 추억을 찾아
나는 또 여기 올 것이다

-2007. 4. 7.

2부

친구 8

—문병問病

작달막한 키에 가무잡잡한 얼굴
그러나 결코 왜소하지 않은 친구
천하 백수이면서 그는 언제나 당당했다
흔들림이 없었다
간암 진단을 받고 수술 권유도 뿌리친 채
딸네 집에 와 이별을 준비하던 그에게서
며칠 후 가족들이 있는 미국으로 돌아가겠다는 전갈을 받고
우리는 문병을 갔다
모두들 이것이 영이별이 될 거란 예감이 있었다
더욱 검어진 얼굴에 웃음을 띠고 그는 우리를 맞았다
푸짐한 상차림에 주방에서는 연방 음식 장만 소리가 나고
"앉아, 앉아!"
둘러앉은 우리는 할 말이 없었다, 그가 먼저 말문을 열었다
"왜들 이래. 어서 한잔하자구!"
그 좋아하던 술잔을 앞에 두고도 못 마시는 그에게
비로소 잔을 부딪치고 나는 농담으로 긴장을 풀었다
"야, 이건 네 잔이고, 이건 내 잔이다"
홀짝 두 잔을 마시는 나를 보고
그는 빙그레 웃고 고기만 굽고 있었다

그 자리에 눈물은 없었다, 죽음의 그늘도 없었다
속으로 눈물을 삼켰을 그의 딸까지 웃음을 잊지 않았다
사흘 후, 그는 떠났다
공항에서 배웅 나간 친구에게 악수를 나누면서도
"우리 또 만나!"
그랬단다
맞다, 우리에게 영이별은 없는 거지
만 리 길 이국의 가족 품으로 돌아간 그는
끝내 수술 권유를 뿌리치고
겨우 2주 후 이승을 떠나 귀천歸天했단다

아침마다 그가 선물한 면도기로 면도를 하며
나는 또 그와 만나 농을 나눈다
"기다려, 어차피 차례로 그리로 가 또 만나게 될 거야"

출근

사무실이 술렁이고 있었다
1970년대의 어느 날
평소처럼 시간 맞춰 출근했더니
여느 때 같으면 조용히 근무 준비를 하고 있을
편집부 분위기가 심상치 않게 술렁이고 있었다
내 책상에는 〈××서 ××과 K모〉라는 명함이 놓여 있고,
이윽고 급히 다가온 직원 한 사람이
"누군가 두 사람이 아래 다방에서 기다린대요"

영문도 모르고 내려간 다방 구석에서
웬 잘생긴 젊은 사내 하나가 엉거주춤 일어나 아는 체를 한다
그는 이미 나를 알고 있는 모양이다
그가 명함의 주인이었다
그 옆자리에서 또 하나,
날카로운 눈매의 사내가 고개만 까딱했다
"무슨 일입니까?"
"백 선생 아시죠?"
잘 안다는 내 말에 그는 또 물었다
"그분 어디 가셨죠?"

"몰라요"

그러자 옆자리의 눈매 사나운 사내가 말했다

"왜 이래요.

며칠 전 저녁 ○○ 대포집에서 같이 술 마셨잖아요"

"그래서요?"

"그러고 어디 갔냐 말예요?"

"친구끼리 대포 마시는 것도 안 돼요?"

"그게 아니라 그 다음 그분이 어디로 갔냐 말입니다"

"내가 그걸 어떻게 알겠소.

술값 내고 나오니까 이미 그는 어디로 가고 없습디다"

실제로 그랬다

"그리고 나하고 술 마신 것까지 아는 당신들이 잘 알지,

이따금 찾아오는 그가 어디 갔는지,

내가 알 까닭이 없지 않소"

며칠 후, 전무가 불러 올라갔더니

"백 선생이 친구시라구요. 자주 만나시나요? 좀 삼가시죠.

오너가 알면 좋을 게 없잖아요"

그리고 그 다음다음 날 모교 친구에게서 전화가 왔다

"요즘도 백하고 자주 만나나?
누가 와서 자네 신상에 대해 자세히 묻더군. 조심하게"

그 후, 내 출근길은 무거웠고 무척 우울했다

-2005. 7. 31. 《펜문학》

낙일落日

강 건너 노을빛 속에
그이는 서 있었다
뒤로 지나온 길들이
그리움처럼 길게 뻗어 있었다

불단풍 몇 그루
가슴에 타오르고

그리움의 노을빛 불기둥
물결 속에 치솟는다
지나온 길들 위에 흩뿌린
회한悔恨의 눈물
물결에 어린다

문득
그이가 내게로 다가와
하나가 된다

-2005. 11. 12. 쓰고, 2006. 《월간문학》

금강산 기행

꿈속에 그리던 금강산
처음 밟아본 북녘 땅 금강산은
아직 북녘 땅이 아니었습니다
북녘에 빌려 앉은 남녘이었습니다
곧게 뻗은 조선의 소나무 금강송, 미인송
구룡연 가는 길에 보이는 수려한 나무들
기암괴석奇岩怪石
그 뿌리에서 흘러내리는 옥류玉流, 녹수綠水
녹수 청산은 의연히 아름다운데
곳곳에 서 있는 안내원 북녘 동포 청년 처녀
왈칵 끌어안고 울고 싶은데
금강송, 미인송처럼 아름다운 그들
일부러 나눠본 대화도 어쩐지 어설프고
북녘 동포들 모습은 어디에도 없었습니다
세계 제일이라는 모란봉교예단 공연을 보며
아낌없는 찬탄과 슬픔을 함께 맛보며 눈물이 났습니다
남녘 헌병, 북녘 관문 지키는 북녘 군인들
그곳 지나 북녘 군인들이 무표정한 자세로
장승처럼 서 있는 군사분계선을 지나며

철조망 너머로 민가는, 학교는 보이는데
풀 뜯는 소들은 보이는데
왜 민간인들은 잘 안 보이는지?
눈에 보이는 끊어진 철도 연결 작업은 언제 끝나는지?
아름다운 해금강은 왜 차단되어 한쪽만 보이는지?
아름다운 삼일포엔 왜 정다운 연인들 모습 보이지 않는지?
언제 탁 트인 금강산에서 남북의 동포가 손잡고
스스럼없이 아름다운 금강산 칭송하고
기쁨의 노래 부르는지?
우리 돌아오는 날
마침내 금강산은 통곡하고
내 가슴도 무겁게 가라앉았습니다
내 우산만 남북의 빗물을 한 몸에 받아
물의 통일을 이루었습니다

-2004. 7. 13.

꽃, 파도, 세월

파도가 부서진다
하얗게 부서진다
내 청춘의 포말泡沫이
부서지는 파도에 묻혀 허우적거린다
하얀 물결 위에
꽃 한 송이 출렁거리며 춤을 춘다
깃발 흔들며 쓰러지던 그와
많은 일, 많은 얼굴들 보인다
전쟁과 별리別離, 사랑의 아픔 보인다
황혼의 바다에는 배신背信과 용서의 자락 깔리고
까마득히 이어져 온 바다 저편의 소식이
바람결에 화해和解를 손짓하고 있다
흘러간 세월이 내 아픈 사랑을
이름 모를 꽃으로 파도 위에 던져놓고
하얗게 부서지는 물결 사이로 그것은
춤추며, 춤추며 멀어져 간다

-2005. 3. 4.

비리내골의 바람

싱그러운 신록의 계절 유월에
지리산 숲 속 나무는 혼인색을 띠고 있었다
나비며 벌,
번식에 필요한 곤충들을 유혹하려 위장하며
혼인색 띠고 있었다
계곡엔
비리내 흐르고
그 치열했던 싸움에 흐르던
아, 피비린내
이제는 가시고
맑은 물 땅을 적시며
숲의 생명, 나무들 뿌리에 새 생명 적시며
숲 속 나무는
어서 오라, 손짓하며
싱그러운 신록의 신화神話 만들고 있었다
바람은 동서남북으로 불고……

-2005. 6. 12.

한강은 흐른다

나 어릴 적 놀던 한강에는
상류 살곶이다리 쪽에서 흘러오는 물과
광나루 쪽에서 흘러오는 물이 합쳐지는
합수머리에
무수막 한강이며
두뭇개 한강이라는 이름으로 불리우는
물 흐름이 있었다
여름이면
우리는 거기서 벌거벗고 멱을 감고
텀벙거리며 칼조개를 줍고
아저씨들의 신기한 낚시질이며 자맥질도 보았다
건너편에는 나룻배를 타야 건너갈 수가 있었는데
거기는 주로 참외밭, 수박밭이 차지하고 있었다
거기가 지금은 강남이라는 불야성의 도심이다
물만 흐르는 것이 아니다
세월도 흐른다
함께 놀던 친구들은 소식을 모르고
낚시질 자맥질하던 아저씨들은 거의 이승을 뜨셨다
흐르는 강물 양쪽에도 흉한 시멘트 구조물과

파충류 같은 차의 흐름만 요란하다
강변의 백사장도 없어지고
천진하게 뛰놀던 벌거벗은 동심도 웃음소리도 없다
아, 한강이여
어릴 적 나의 놀이터
겨레의 젖줄이여
나의 한강이여
이제는 그 청정의
부활의 노래를 불러라

소묘素描 3

-휴림休林에서

노령산맥 축령산
산마루에 달이 뜬다
언젠가 낙원을 꿈꾸며 저 능선을 따라
산을 넘던 이들은 모두 어디로 갔을까
환한 하늘 저만치서
쫓아올 듯
달아날 듯
별 하나 웃고 있다
휴림산방休林山房 툇마루에 나와 앉은
백수 세 사람
복분자 붉은 술잔에 푹 빠져 있다
잔물결 이는 달빛 속에서
세심 세심洗心 洗心
항아姮娥가 예쁘게 눈을 흘긴다

-2009. 8. 5.

외옹치항港 소묘素描

지친 몸 쉬리라
찾아온 동해 외옹치항港 청이네집
바닷가 비닐 술청에 앉아 잔 기울인다
갈매기 무심히 날고
파도 소리는 거칠어진 마음 달래주는데
막소주 막장 떡마름회
먼 수평선은 안개비에 흐려 보이지 않고
바쁜 주모酒母는 웃지도 않는다

–2003. 8. 30. 《우리문화》

조선의 소나무

숲 속에 길이 있다

건강하게 곧게 자란 붉은 껍질 소나무
조선의 소나무
무리 지어 바람막이 검은 껍질 소나무
조선의 소나무
백두대간 대관령의 소나무는
오늘도 해 뜨는 곳
오늘도 바람 불어오는 곳
아직도 갈 수 없는 곳 바라보며
바라보며 길게 목 빼고 있다

숲 속에 길이 있다
길이 보인다

상수리, 생강나무, 구상나무, 자작나무, 느티나무
느릅나무, 층층나무, 잣나무, 은행나무……
진달래, 개나리, 찔레, 철쭉
쑥부쟁이, 개미취, 감국, 구절초……

할미꽃, 산목련, 제비동자꽃, 은방울꽃
며느리밥풀, 홀아비꽃대, 매발톱, 금강초롱……

어느 아침 한꺼번에 들고일어나
합창하리
길이 보인다 대합창하리

숲 속에 길이 있다
곧게 뻗은 길이 있다
바람 불고 해 뜨는 곳 길이 보인다

조선의 소나무는 외롭지 않다

-2003. 6. 25.

송년열차送年列車에서

저무는 역사驛舍는 무척 추웠다
대합실의 TV에서는
줄기세포의 영웅 실추 사건과
과잉 진압으로 숨진 농민 시위대의 슬픈 소식
폭설, 폭설에 우는 사람들
사학법私學法 통과로 시끄러운 몰골들
보상금이 적다고 소리치는 신행정도시 토지 수용자들의
아우성 소리 들린다
시청석視聽席 앞자리는 여전히 노숙자들의 몫이다

이윽고 기차는 떠나고
캄캄한 밤의 강물에
한 해의 별빛마저 잠긴다
온갖 추문醜聞과 일그러진 초상肖像들 흘러간다

문득
아득한 이라크에서, 이란에서, 아프간에서
고비사막 넘어 황사黃砂를 타고 초연硝煙 냄새 풍겨온다
미시시피를 흐른 물이 멕시코 만으로 흘러

중남미 일곱 나라가 좌파 정권으로 물들었다는 소리 들린다

을유년乙酉年 한 해는 종점에 다다르고
이윽고 병술년丙戌年 새해가 밝는다
우리들의 사랑이, 희망이 뜬다
아우성, 추문, 냄새……
모두 사르고, 불타는 사랑 떠오른다

병술년이여,
오라, 우리들의 사랑이여, 희망이여!
백두에서 한라까지
어서 오라, 평화여, 자유여!

-2005. 12. 21. 세모歲暮에

동해의 불꽃

–독도 기행

독도는 외로운가
아니다, 7천만의 눈망울 초롱초롱
그를 보듬고 지키고 있다
독도는 어두운가
아니다, 모진 풍랑에 시달려도
짙푸른 동해의
해돋이 하나로 다시 살아난다
독도는 굳어 있는가
아니다, 험한 바윗덩이로 묵묵히 솟아 있어도
끼룩끼룩 갈매기 떼 지어 노래 부르며
그 굴레 풀어내고 다시 살아난다
누가 이 땅을 감히 넘보는가
7천만의 눈망울 초롱초롱 쏘아보고 있다
무법의 독수리, 이리 떼 사납게 덤벼도
짙푸른 동해의 해돋이 하나로 불살라 버린다
독도여, 동해의 불꽃이여
외롭지 않은 겨레의 섬이여!

–1996. 3. 1. 독도 탐방하고 《월간문학》

3부

진달래 불길

봄이 강산의 신화神話 길
태곳적 주렴 열고
꽃피고 있다
모닥불 사랑 타오른다
아득한 고조선, 부여의 불길
예맥, 가야의 그 옛날
아니지, 고구려의 불
이어서 발해의 불
신라, 백제, 고려, 조선의 불길
모닥불 타오르고 있다
진달래 신화 피어오르고 달려온다
활활 타오르는 겨레의 사랑불
어둠에 묻히던 사랑 타오르고 있다
제천祭天의 불타는 사랑
진달래, 흰달래, 연달래, 난달래
눈부시게 타오르고 어울리는 불길
일찍이 누구도 미워할 줄 모르고
평화 사랑하고 이웃 사랑한 이들
얼씨구 좋을시고 신명의 불길

에워싸 돌며 노래하고 춤추는데
꽃길 만 리, 동서남북
온통 타오르며 하나 되는
겨레의 봄동산
달려오며 달려가는 진달래 불길

생명의 숲에서

흐린 하늘이 수상쩍더니
이슥한 밤공기를 찢으며 비가 내렸다
숲에서는 말 못할 향내가 피어오르고
어디선가 두런거리는 소리 들렸다
곧고 키 큰 낙엽송들의 군락群落이 회의를 하고 있었다
"아무리 목을 길게 뻗고 그리움을 찾아도 보이질 않네"
"인간들이 다 버려놨어.
맑은 공기 바른 마음, 싱싱한 생명의 근원, 신뢰……"
"휴우!"
한숨 소리 들린다
"사랑을 되찾아야 돼"
"믿음이 있어야지"
바람이 분다
빗소리 좀 더 거세지더니 천둥 번개 친다
"우리도 이만 쉬지"
"쉴 수가 있나.
이 날씨는 꼭 요즘 불장난으로 요동치는 이 땅덩어리 같아"
슬픈 듯 한 나무가 머리를 흔든다
"그래도 구원은 있지. 역시 사랑이야. 사랑을 되찾아야 돼"

숲 속에 잠든 우리들의 사랑은 서로를 찾아 흩어져 있었다
빗물 내리는 낙엽송 줄기 타고 대지로 내려와 앉았다
하나 되지 못하는 우리들의 사랑이
생명의 숨결 되돌리는 산 정상으로 치달아 올랐다
아득한 고구려의 땅 그리며 치달아 올랐다
나무들의 회의는 끝나지 않았다
한 목소리가 말했다
"백두, 묘향, 금강에서도 길게 목 뺀 나무들이
남녘을 바라보고 있다네"

-2008. 6. 7. 유명산 휴양림에서

소년행少年行 2

–서울의숲에서

조무래기들은
수철리水鐵里고개 물방울 떨어지는 어두운 터널을
무서움 잊으려 삼삼오오 뭉쳐서 지나며
고래고래 소리쳐 노래를 불렀다

  저녁노을 붉게 물들고 날이 저물면
  산속의 절에서는 종이 울린다
  손에 손을 마주 잡고 돌아들 가자
  까마귀도 다 함께 돌아들 가자

터널을 빠져나가면 무우장다리꽃이 핀 밭이며
푸른 초원이 펼쳐져 있었는데
조무래기 우리들은 거기서 메뚜기 개구리 도마뱀을 잡고
네 잎 클로버를 찾고 그 꽃으로 화관花冠을 만들어
계집애들에게 씌워주기도 했다

거기서 더 가면 무수막 한강이 나온다
얕은 물속에 들어가 하얀 모래밭을 더듬으면
칼조개가 잡혔다

신나는 하루가 그렇게 가고
해가 비스듬 넘어갈 무렵
아래쪽 두뭇개 한강에 나룻배가 뜨고
위쪽 뚝섬엔 커다란 미루나무 규락이
그늘을 길게 뻗고 있었다
여기가 지금 〈서울의숲〉이다

-2006. 4. 18.

옥천교를 지나며

-가을 창경궁에서

스산한 가을 빛살 받으며
명당수 금천에 놓인 다리
옥천교를 지난다
오백 년 왕조의 조락이 단풍 낙엽에 묻혀
거기 마른내에 돌아오지 못하는 한으로 떠오른다
몸가짐 마음가짐 정갈히 하라는 이 다리 건넌 이들
모두 이제는 없는데
그이들은 모두 몸가짐 마음가짐 어땠을까
이 가을 어디선가 암투와 피비린내 풍겨온다
수강궁 터에선 태종의
전횡專橫의 칼날 소리
정희, 소혜, 안순 왕후 모시려
명정, 문정, 통정전 새워 창경궁이라 이름 바꿨다는데
소슬한 가을바람에 어디선가 새어 나오는,
어쩌면 가을 같은 한숨 소리
환경, 경춘의 내전에 이르면
뛰어난 지성인 인수대비의 교양서 내훈內訓 적는 기척과
비참한 최후의 비명 소리
그리고 갑자기 들리는 앙칼진 장희빈의 발악 소리

사도세자의 뒤주 긁는 소리
소리 소리 들린다
옥천교 네 난간의 돌사자상,
양옆의 귀면鬼面은 보았으리 느꼈으리
이 다리 건넌 이들의 몸가짐 마음가짐
아, 오백 년 왕조의 그늘진 가을 궁궐에 낙엽이 진다

–2004. 10. 창경궁에서 〈서울을 사랑하는 사람들〉 모임

강산이 운다, 사람이 운다

강이 운다
산이 운다

백두대간 척추를 뚫어
물길을 만든단다
모래를 파고 양회를 발라
얕은 곳은 더 깊이
굽은 곳은 똑바로 펴
뱃길을 만든단다

말이나 말지
왈, 대운하
그게 경제 회생을 위한 수로이고
그게 환경을 보전하고
자연을 지키는 짓이란다
관광 한국의 얼굴이 된단다

강이 운다
산이 운다

물고기가 운다
새가 운다
사람이 운다
온통 울음소리, 통곡의 소리 들리지 않는가

아, 자연은 간섭받지 않고 있는 그대로
생긴 그대로일 때 가장 아름답고
생명이 사는 것을

그들은 무엇을 위하여
무엇을 바라며 그 흉한 계획을 짜는가
골수를 뚫리고 피 흘릴 강산이
강산이 운다
고향 땅을 잃고 생계를 잃을
농민들이, 어민들이 운다

-2008. 4. 대운하 반대 129인 시집 『그냥 둬라』

섬진강에서

강물 위에 산이 있고
강물 밑에 산이 있었다
산, 산, 산
겹겹이 마주 대하고
겹친 산자락 펄럭이며
골짜기에서는
피맺힌 이야기 흐르고 있었다
거기 많은 사람들의
많은 이야기
묻히고 넘쳐흐르고 있었다
강물 위에 산이 있고
강물 밑에 산이 있었다
들려오는 이야기에
강변 대나무밭은 울고 있었다
아름다운 석양빛 받으며
산과 강은 울고 있었다

-2002. 12. 《시詩마을》

나목裸木

눈꽃 지고
하얀 잔설殘雪 속
벗은 나무들이
바람과 얽히고 뒤설켜
몸 비비고 있다
달아오르는 몸에선
얼어 멎었던 수액樹液 풀리며
몸 안을 오르내린다
은은한 비화秘話 소리 들린다
북녘에서 불어온 바람과
남녘에서 밀려온 바람과
벗은 나무들
온갖 가식 떨쳐버리고
한데 엉켜서 절정絶頂을 이룬다

-2003. 1. 《책과인생》

물은 속이지 않는다

물은 속이지 않는다
산은 속이지 않는다
지키는 이에게 축복을 내린다
푸른 마음 검은 마음
맑은 물 더러운 물
사랑으로 끌어올려
빗물로 내려주면
그 빗물 받아
생명의 원천으로 되돌린다

그대는 물이다
그대는 산이다
물과 산 한몸 되어 살 섞고
땅 밑으로 흘러 흘러
샘물 실개천 늪으로 모이고 모여
산굽이 돌고 돌아서 강물 이룬다

산과 물은 한몸이다
거기 다시 온갖 물고기 나무 풀포기

곤충 새 날고 기쁨으로 뛰는 짐승들
생명의 합창 있다
물은 씻어내는 것이다
산은 품고 정화하는 것이다
우리는 물이다
우리는 산이다, 자연이다

-2003. 4. 26. 《문학나무》

편지 1

별빛이 길을 내었나 보다
자고 나면 색깔이 바뀐
나뭇잎의 행렬이
산을 기어오르고 있다
노랗게
빨갛게
혹은 희끄무레
바뀐 색깔
날마다 산을 기어오르고 있다

-2003.

편지 2

뜨락은 소란스러웠다
매화 목련 개나리 진달래 피고 지더니
라일락 장미 목백일홍 옥잠화 산나리 봉선화
금잔화 매발톱 초롱꽃 코스모스 구절초 국화까지
온통 제가 떠나온 별들의 전설을 수런거린다
잔인했던 계절의 이별과 원한을 잊지 못하고
눈물짓는 꽃
혹은 거기서 피어나던 아름다운 사랑 노래로
취하여 웅얼거리는 꽃

그러더니 갑자기 꽹과리 북 소리 피리 소리 징 소리
날라리 휘파람 하모니카 소리
아니, 새 소리 매미 소리 풀벌레 소리
엉키고 뒤섞여
아우성인지 뭔지 대합창이더니
어느 날 뜨락은 갖가지 색깔이 죽고
조용히 고요히 잦아들고 있었다
어디선가 자잘한 물소리 들린다

–2003.

편지 3

꽃이 피고 있다
좁은 뜨락에 많은 꽃
많은 사랑 피고 있다
작은 손으로
해맑은 웃음으로
뜨락 가득 채우던 것
오면서 가고 있다

자욱한 안개 너머로
앞산은 오늘
추억인 듯
아득하다
꽃이 피고 있다
우리 사랑처럼
봄이 가고 있다

–2003. 4. 11. 《문학의집》

편지 5

2005년 5월 2일, 오늘은 무척 행복했습니다
멀리 광주의 문병란 시인이 장문의 육필 편지를 보내주고
팔순의 노시인 김규동 선생이 14년 만에 묶으셨다는
귀한 시집을 보내주셔, 단숨에 발문까지 읽었거든요

문 시인과 저는 아직 면식이 없고,
그의 글만을 보고 혼자 좋아했었는데,
오늘 뜻밖에 친절한 글월 주셨더군요
아마 일전에 어디선가 만난 광주의 여류 시인이
제 안부를 전하자
문 시인께 언젠가 보내드린 졸시拙詩 묶음을
새삼스럽게 보시고
약간은 당신과 공감하는 바 있었던지,
당신의 시와 세 시 몇 편을 골라
육필로 친히 쓰고, 나름대로의 소감까지 적어 보내셨으니
감개무량합니다

　여기서 시작하여 신의주까지
　몇천 리나 될까?

다도해의 꽃 소식 안고
걸어서 걸어서 가고 싶은 날

문 시인의 〈북향北向 가로街路에서〉라는 시 첫 연의 일부입니다

어둠 저편에
끊길 듯 이어지는
소리 있다
(중략)
그 뜻은 여전히 모른다
모르는 대로
달려
달려가고 싶은 그 강변
그 산기슭
아득히 먼
고구려의 땅

졸작 〈밤 기차에서 5〉의 첫머리 일부와 끝 부분입니다

통일을 염원하는 우리들의 공통된 심정이
잘 나타나 있습니다
문병란 시인, 만나고 싶습니다

김규동 선생님, 감사합니다. 순서가 바뀐 듯하여 죄송합니다
모자라는 놈이라 양해하시고, 웃고 보아주십시오
선생님, 제가 학생 시절, 동방살롱에서 여셨던
선생님의 화려한
〈나비와 광장〉 시집 출판기념회가 생각납니다
슬쩍 끼어든 지희 학생들에게도 선생님은 친설하셨고
그 자리에서 만난 많은 선배들 중,
술이 취해 〈디엠비에프의 함락〉을
큰 소리로 읊조리던 박인환 시인을 잊을 수가 없습니다
그 후, 저도 선생님과 같은 출판업에 종사하며
선생님 주변의 소식 듣고 서성이었습니다만
제가 선생님을 다시 가까이에서 뵙고,
그 통일에의 간절한 소망과
가로막는 독재와의 싸움에
온몸으로 부딪치는 모습에 그저 고개 숙여

흠모하던 때가 바로 어제 같은데
선생님은 벌써 팔순을 맞으시고,
불초 소인도 칠순의 고개를 훌쩍 넘겼습니다
2001년, 그야말로 피나게 아로새긴
선생님의 〈시각전詩刻展〉을 잊을 수 없습니다
그 현장에서 느낀 감격은 두고두고
제게 교훈이 되고 있습니다

죽기 전에 못 가면
죽어서 날아가마
나무야
옛날처럼
조용조용 지나간 날들의
가슴 울렁이는 이야기를
들려다오
나무, 나의 느릅나무

선생님의 시집 표제작이기도 한
〈느릅나무에게〉라는 작품의 끝 부분입니다

고향에 두고 온, 50년 전에 작별한 우물가의
그 나무에게 전하는 선생님의 피맺힌 망향가望鄕歌
선생님, 생전에 보셔야지요. 우리 함께 소리쳐 부르기로 해요.
"통일이여, 어서 오라"고……

김규동 선생님, 문병란 시인, 우리 오래 살아, 그놈의 장벽
때려 부수고, 가로막는 온 세상 악의 근원 뽑아버리고
한 길을 따라 달려가며 만만세로 축배를 들기로 해요

김규동 선생님, 문병란 시인, 오늘은 무척 행복한 날입니다
-2005. 5. 2.

풍문風聞

2002년 5월
'망했어요'
길거리의 신발 장수 푓말
무엇이 망했는지
무조건 운동화 두 켤레에
만 원이란다
'망했어요'
미국의 국제무역센터 빌딩
비행기 두 대의 자폭으로 박살나
온통 야단법석이더니
세계 최빈국의 하나
아프가니스탄의 탈레반이
온통 쑥밭으로 변한 국토와 더불어
그만 망해버렸구나
정말 큰일이다
'망했어요'
북쪽의 금강산댐이 새고
무너질 줄 모른다고
시끌벅적이더니

남쪽의 여기저기서
툭툭 뭔가 터지고 무너지고 불거져 나와
목불인견이다, 가관이다
헌데 그것을 욕하는 분들의
입에선
왜 또 그렇게 냄새가
심한 구린내가 나는지
정말 누가 망하나 보다
새 질서 찾아
망하나 보다

-2002. 《문학시대》 여름호

사랑을 찾아

월드컵
드디어 금기禁忌의 색깔
깨뜨렸구나
그 춥고 어둡던
긴 밤의 터널 뒤로하고
그리운 사랑 찾아
킥오프
그리로 힘차게 달려가는구나
찬란한 동녘의 해돋이
불끈 솟아올라 불수레 굴리며
그리로
그리로 달려가는구나
붉은색도 두렵지 않다
달려가는구나
필승 코리아
우리는 하나다
달려가는구나

-2002. 《문학시대》 여름호

4부

동오리東梧里 14

삼월 폭설, 쌓이고 녹더니
온 산, 온 마을이
부활의 눈을 뜨고 있다
산자락 넘어 이어진 오솔길은
실종된 사랑 찾아
지나온 세월을 싣고
이윽고 화신花信처럼 달려올 것만 같다
동오리는 오늘도 조용하다
앞산 능선 위로 훈풍처럼 구름 흐르고
초목들 기지개를 켜고
새들은 지저귀고 있다

-2005. 3. 4.

동오리東梧里 15

그대 바람으로 떠나요
떠난 김에 훨훨 날아
산 넘고 물 건너
이 봄의 씨앗 실어다
거기에도 뿌려줘요
샘물가 돌 틈에도
뒤울안 툇마루 주춧돌 사이에도
정자나무 그늘에 쉬는
그이들의 마음밭에도
뿌려줘요, 봄의 씨앗

동오리의 봄씨앗 날아
녹슨 철조망, 지뢰밭 넘어
그리로 가요

-2005. 4.

동오리東梧里 16

—설경雪景

예쁜 박새 울음 그치더니
대문 옆 한 그루 소나무 꼭대기
가지 파르르 떨리고
잔설殘雪 몇 송이 날려 떨어진다

마을은 고요하다
전화가 울린다
집어든 수화기 저쪽에서
흐느끼는 소리 들린다
듣지 않았으면 좋을 부음訃音이다
오랜 투병에도
높은 신앙심으로 꿋꿋하던 누님의 소천召天
하와이로부터의 소식은
순간 내 귀청을 때리고
내 머리 속은 하얗게 바래, 바래
눈물도 나지 않는다

달려가 볼 수도 없는 처지를
비감하게 조카에게 전하고

기도나 하마, 하느님 곁에서 평안하라고
명복이나 빌마, 하고
힘없이 수화기를 놓는다

아, 이역만리異域萬里 얼마나 외로웠으랴
얼마나 서러웠으랴
가슴 저미는 슬픔 씹어 삼키며
오늘 동오리 시국헌의 아침은 춥다

-2005. 12. 10.

동오리東梧里 17

–비 오는 날

아득히 먼 태초의 하늘에서부터
지금 동오리 내 집 앞 산그늘에 이르는
우울한 하늘의 전설이 내린다

할아버지 할머니의
그 또 먼 할아버지 할머니들의 눈물이
아버지 어머니들의 눈물이
누이들의
형들의
아우들의 눈물이
숱한 사연을 담고
지금 전설처럼 이내 가슴에 내린다

백두의 천지와
한라의 백록담
눈물의 모임은 맑고 맑게 고였다가
어느 날은 슬픔으로
어느 날은 분노로
피어올라 백두대간을 타고

이 강산 구석구석을 적시며 내리고 있다

-2006. 여름

동오리東梧里 18

달빛이 너무 맑았어
너무 환했어
아니, 너무 요염했어
너무 아름다웠어
때 묻은 내가 소원을 빌고 빠지기엔
너무 곤혹스러운
고운 수렁 같은 그리움의 바다였어
요염한 물감으로 출렁이며 손짓하는
아름다운 그리움의 바다였어
그 산, 능선 너머에서 떠오르는
병술년 한가위의 달은……

-2006. 10. 6.

동오리東梧里 19

바람과 추위에 놀라 몇 번을 움츠리던
창문 앞 청매화가
드디어 개화開花하더니
아, 예쁘기도 해라
몽글몽글 여린 꽃봉오리 숱하게
하얀 꽃들 정말 예쁘게 웃고 있다
긴 겨울의 변덕
음산하던 날들의 찬 바닥을 용케도 이겨내고
앞산 마루 위 안쪽의 하늘은
하얗게 파랗게
정밀 예쁘게 웃고 있다

-2007. 4. 6.

동오리東梧里 20

-귀가歸家

바람은 자취도 없이 왔다 간다
그 무덥던 전쟁의 여름
정처 없이 홀로 가던 길
먼지 일던 길이
이제는 4차선 산업도로로
훤하게 뚫려 있었다

벌써 반세기가 넘어 흘렀는데
전쟁은 아직 마무리되지 않았다

우리는 언제 만났던가
그날 그 길 위 남한산성 자락
한식집 〈은고개〉에서
문학을, 한국의 문학을
아니 아시아의 문학을, 희망을 논하고
우리는 서로의 길을, 사랑을 찾았다
소주 몇 잔, 깊은 우정에 취한 귀갓길
바람은 동서남북 막힘이 없었다
동오리로의 귀갓길은 어쩐지 허전했다

-2007. 6. 23.

동오리東梧里 21

-하얀 대낮에

처음도 없고 끝도 없는 둥근 공간
분지盆地에 마을은 있었다
비가 자주 내렸다
사람들은 모두 떠나고 그리움만 남아
마을은 점자 비어가고 있었다
이슥고 빈 마을에
그와 나 둘이 남아
허망한 사랑을 찾고 있었다
떠난 사랑이
산 너머 멀리서 메아리로 울고 있었다
하얀 대낮에

-가을은 오며 가고 있었다

-2007. 10. 7. 《불교문예》 겨울호

동오리東梧里 22

–전설傳說

하얗게 눈이 오고
어느 날 그 눈이 녹던 날
여자는 떠난다
도랑의 물속에
꿈처럼 숨어
그녀는 어디론가 흘러가고 있다
이윽고 강물을 만나고
두물머리 남북의 강물을 만나고
여자는 갑자기 알 수 없는 희열에 사로잡혀
미친 듯 춤을 춘다
춤과 더불어 뒤척이며 잉태를 하더니
흘러 흘러 바다로 간다
덤벼드는 숱한 수컷들을 웃으며 울며
뿌리치고
바다로 바다로 흘러간다
바다에서는 더 많은 수컷들이
웅성거리며 덤벼들었으나
이미 절정의 사랑을 맛본 여자는
거대한 바다 그 자체가 동반자였다

시간이 흘러
둥근 달이 뜨는 만월의 밤
여자의 배는 터질 듯이 부풀어 그녀는 떠나온
모천母川이 그립다
입덧으로 온갖 바다의 쓰레기를 하얀 모래밭에 쏟아놓고
강물을 거슬러 도랑으로 돌아온다
모락모락 꿈의 물안개로 피어오른다
오늘 동오리는 다시 눈이 내리고 쌓이고
우리들의 사랑은 여전히 춥다

-2008. 1. 26. 《창작21》 봄호

동오리東梧里 23

-꿈, 산호세의 그네

낯선 이국의 공원 놀이터에서
소년은 그네를 탄다
훠이, 휘익
위로 치솟았다 내려오면
소년은 소리친다
와, 저기 양평이 보인다, 잠실도 보인다
할아버지도 보인다, 할머니도 보인다

귀여운 소녀는 그림책을 본다
보다가 시골 풍경이 나오면
와, 양평 집이다
비둘기가 나오면
떠나기 전 함께 살던 잠실 친가를 떠올리고……

낯선 이국에서
엄마, 아빠와 사는 것만 좋아서
아이들은 한껏 외로움을 참고 기지개를 켠다
아이들의 엄마, 아빠도 덩달아 한껏 웃음꽃 피우고
날개를 편다

—동오리의 꿈이 날아가 산호세의 하늘에 머문다

—2008. 《문학마을》 봄호

* 미국 산호세에 딸네 식구가 어린 남매를 데리고 살고 있다.

동오리東梧里 24

-동행同行

굳이 서둘 것 없는 길에
동행이 생겼다

언젠가부터 오줌발 가늘어지더니
밤이면 미열이 나고
해우소解憂所행 잦아진다
하여, 수면 부족이다
나이 들면 으레 그러려니 지내다
주변의 말을 듣고 병원을 찾는다

촉진觸診, 혈액 검사, 소변 검사를 하더니
조직 검사를 하란다
날을 잡아 검사를 한다
열두 곳 조직을 떼어내 검사 결과
다섯 곳에서 악성종양이 검출됐단다

웃음이 난다
아, 드디어 그 길 동행이 생겼구나
그러나 결코 서둘지 않으리

수술은 거부하기로 한다
약물과 방사선 치료로 진행을 막고
여전히 만나는 이들과 즐거이 지내리라

이승에서 빚진 것
못 갚은 사랑 어이하리
가족 사랑, 이웃 사랑, 겨레 사랑
환한 햇빛, 아름다운 강산
고 운향과 더불어 동행하리
어차피 가야 할 길
그와 함께
천천히 아주 천천히 걸어가리

-2008. 3. 15. 《문학과창작》

동오리東梧里 25

-어떤 가을

바람이 분다
촛불 꺼진 거리에
낙엽이 진다
낙엽이 구른다
낙엽이 운다

-2009.《작가》

동오리東梧里 26

-암 병동에서 1

다인실多人室 병실 창 너머로
비치는 햇살을 받아
하얀 아내의 얼굴이
흡사 어린애 같다
위암 절제 후 바싹 마른
고목 같은 그녀
눈물
아, 눈물의 꽃이슬 같구나
오늘은 고통 없이 그녀의 잠 속에
천사가 머물려는가
아내의 얼굴이 유난히 하얗다
하얘 보인다

-2009. 4. 11.

동오리東梧里 27

-암 병동, 기다림

혈액 검사를 위해
채혈을 하고
다음 진료를 기다린다
힘없이 늘어져
1층 복도 긴 나무 의자에 누운 그녀
시들은 국화가 저럴까
눈물
피눈물
이 눈물로 그녀의 아픔
씻어줄 수 있다면……
아, 타는 가슴 기다림은
기다림은 왜 이렇게 지루하고
길고 아픈 것이냐

-2009. 4. 15.

동오리東梧里 28

-암 병동에서 2

눈물을
흐느낌을 삼키며
병원 복도를 걷는다
별빛 속에 지는 하얀 박꽃 같은
당신의 얼굴
차마 마주 볼 수 없어
병원 복도를 걷는다
홀로 걷는다

약물을 주렁주렁 매단 환자들이
복도를 걷고 있다
참 많이들 걷고 있다
가녀린 생의 끈을 놓지 않으려
열심히 걸으며 운동을 하고 있다
복도를 걷고 있다
아, 환한 대낮
창밖에는 신록이 아름다운데
당신은 여기서도 열외구나
나는 홀로 걷고 있다

-2009. 4. 19.

동오리東梧里 29

-지하철 3호선

이 괴로운 마음의 무게는 얼마인가
어둠이 깔리는
암 병동 중환자실 병상에
그이를 두고 돌아서 나오는
이 마음의 무게는
정녕 얼마인가
천만근으로 내리누르는
아픈 무게를 끌어안고
달리는 지하철 3호선

-2009. 5. 12.

동오리東梧里 30

—소천召天

의사의 반대를 반대하고
인공호흡기를 뗀다
특실로 옮긴다
그이의 마지막 가는 길을
가족들이 지켜주기 위해서다
최영란 전도사가 왔다
고별 예배를 본다
혈압이 떨어진다
숨이 고르지 않고 가빠진다
의사의 중환자실행 권유를
완강히 거부한다
신장 투석
심폐 소생술
시술을 거부한다
그들이 내민 서류에 서명한다
어차피 회복은 불가능하다고
그들이 말하지 않았는가
그이의 얼굴이 고통스럽다
이미 돌아올 수 없는 길을 가고 있는 그이

하느님 곁에서나 평안하시라
순간 잡고 있는 그이의 손에서 온기가 빠진다
차다, 입술도 차다
차다
그이의 얼굴에서 고통의 빛이 스러진다
아, 2009년 5월 15일 22시 55분 소천!

-2009. 5. 15.

동오리東梧里 31

-장충동산, 하산 길에서

이제 당신은 이 자리에 없다
그리고 나도 떠난다
당신 뒤를 따라
당신이 있는 곳으로 걷는다
홀로 걷는다
걸어갈 것이다
당신은 혼자가 아니다

-2009. 5. 19.

동오리東梧里 32

-빈집

빈집이 부르고 있다
밤마다 홀로 자리에 누우면
버려둔 동오리 빈집이 부른다
평생을 함께하던 그이가 떠나
지친 심신을 달래려 와 있는 막내네 집
작은방에 누우면
꿈에도 찾아오지 않는 그이가 야속하다
사진 속 젊은 그이는 웃고 있는데
찢어지는 가슴
하얗게 표백되는 머리
어디선가 소리 없는 소리 들린다
하얀 울타리 속에서 흐느끼는
빈집의 소리 들린다
빈집이 부르고 있다

-2009. 7. 3.

동오리東梧里 33

–양평행 밤 기차에서

그이가 떠났습니다
가슴이 아픕니다
정말 찢어지게
찢어지게 아픕니다
이제는 볼 수 없고
만질 수 없는 그이는
거기서 잘 있겠지요
어떤 그리움이
여기 색칠을 하고
우리의 무지개를 그릴까요
아, 그리움
내 그리움의 색깔!

–2009. 7. 22.

동오리東梧里 34

-무명화無名花

저무는 전철역 출구를 나온다
거기 가난한 꽃 장수 있었다
이름 모를 꽃들이 작은 화분에서 웃고 있다
하늘의 소국당이 보면 좋아할 듯한
보랏빛 꽃이 핀 화분을 골라
거금 이천오백 원을 지불하고 산다
들고 와 그이의 영정 앞에 놓으니
썩 잘 어울린다
국화 중에서도 작은 들국화가 좋아
당호도 소국당小菊堂인 그이
그이 영정 앞에서
가련한 국화 닮은 무명화無名花가 예쁘다
영정 속의 젊은 그이가 웃고 있다
영정 밖에서 백발의 내가 웃고 운다

-2010. 3. 16.

동오리東梧里 35

—종장終章, 나 이제 여기를 떠나네

사랑
그리움
그대 떠난 여기
하얀 울타리 속 동오재東梧齋
소국당小菊堂, 시국헌詩菊軒 뒤로하고
나 이제 여기를 떠나네
사랑
그리움
그대 손때 묻은 세간살이
글쓰기의 온갖 자료들
아낌없이 다 버리고
다 주고
나 이제 여기를 떠나네
평생 모은 장서藏書, 서화書畵
다 버리고
다 주고
나 이제 여기를 떠나네
꿈은 아스라이 사라지고
아픈 가슴 눈물만 안고

나 이제 여기를 떠나네
아직도 그대 미소는 여울져
이 마음에 있는데
꽃피는 5월 동오리의 바람은 여전히 싱그러운데……

-2010. 5. 3.

5부

5월, 바보새에게

싱그러운 5월이 울고 있다
초록빛 넘치고
초록 물빛 흘러라
흘러라
흘러 흘러서
이내 먹물 가슴 씻어 내리고
어둠에 밀려 피멍 든
염통 숨통 비비고 쓸어내리고
이 타는 목마름
온 산하여 물들어라
초록은 평화다
생명이다
희망이다
온 겨레 갈라지는 아픔을 식혀라
초록 물빛 흘러라
흘러 흘러서
부러진 날개로 비상飛翔한
바보새여
죽음으로 바꾼

병든 민주주의의 회로回路여

생명으로

희망으로

평화로 물들어라

온 겨레 피눈물로 닦고 닦아

새날을 맞으라

생명의 부활을 다시 맞으라

-2009. 7. 노무현 전 대통령 추모 시집

큰별 하나

사나운 바람 불고
어둠 깔려 길을 잃고 헤맬 때
큰별 하나 떠
갈 길 가르쳐주었네
무법의 무리가 철권으로
자유를
정의를
사랑을
앗아 갈 때
목숨 걸고 싸워
우리 갈 길 가르쳐주었네
그대는 민중의 큰별
희망의 등불이었네
사지死地에서 기적처럼 일어나
이 땅에 생명의 불길 열어주더니
아, 어인 일인가
또다시 사나운 바람 불어
우리 꿈의 두 등불 일시에 꺼지고
아집으로 똘똘 뭉친 혹세惑世의 무리들이

사리私利의 삽질이구나
우리 울지 말자
망설이지 말자
우리 다시 촛불을 켜지
우리 다시 큰별 하나
저 캄캄한 하늘에 띄우자

-2009. 11. 김대중 전 대통령 추모 시집

당신이 그립습니다!

선생님! 민병산 선생님!
후학들이 차리는 회갑연 마다하고 그 전날 밤
황급히 이승을 뜨신 선생님!
초청장을 보여드렸더니
"꼭 부고장 같구먼"
그러셨다면서요.
세상 범사를 귀찮게 여기시고,
무소유를 철저히 실천하셨던 선생님!
바람처럼 맑은 공기처럼 살기를 원하셨던 당신답습니다.
괜한 짓들을 한다고 떠나신 것이지요.

인사동에 나가면 지금도 어느 길목에서
훌쩍 당신을 뵐 수 있을 것만 같습니다.
건물과 분위기는 변해도,
선생님 다니던 그 골목, 그 찻집들은 여전합니다.
당신 따르던 후학들의 그리움도요.

제 서가에는 선생님이 이따금 사다 주신 귀한 고전古典들이
아직도 꽂혀 제 눈을 아리게 합니다.

일어로 쓰인 톨스토이, 괴테 전기, 삼국지, 수호전,
미야모도무사시宮本武藏, 하기하라 사꾸다로오 시집 등…….
세기 벽찰 정도입니다.
벽에 걸린 당신이 써주신
분방한 청구자체靑丘子体 서예 글씨도요.

이제는 신동문, 천상병 시인,
그 뒤를 따라 박이엽 형도 떠났지요
하늘나라 그곳에도 관철동, 인사동 같은 곳이 있나요.
〈전원다방〉〈누님손국수〉〈귀천〉 같은 모임의 장소가 있나요.
거기서 여전히 선생님의 철학 이야기는 계속되고 있나요.
당신의 바랑에서는 여전히 그 묵향 그윽한
당신만의 서예 작품이 쏟아져 나오나요.

구월 이십일, 선생님의 기일忌日을 앞두고
선생님, 당신이 그립습니다.
헌팅모 삐딱하게 눌러쓰시고
허름한 옷차림에 허름한 바랑 어깨에 걸치신
당신의 모습이 보이는 것 같습니다.

선생님!

민병산 선생님!

당신이 그립습니다.

-2008. 9. 3.

독배獨杯

—작은 거인 장문평

지금 내 둘레 어디를 보아도 그는 없다
그리고 또
내 둘레 어디를 보아도 그는 거기 있다
산동네 동오리 내 작은 집
현관 옆에 그가 손수 쓰고 새겨다 걸어놓은
서각書刻 작품 〈소국당小菊堂〉 현판
뜰에는, 가을이면 푸짐한 실과로 우리를 즐겁게 하는
그가 심어놓은 싱싱한 대추나무
아직도 내가 쓰고 있는
그가 잊고 간 농기구 괭이
서재에는 그가 준 책들
그가 써서 만들어 온 두 폭 병풍
그리고 또 있지
내가 농담 삼아
"돌이든 사람이든 제자리에 있을 때 아름다운 법이지"
그랬더니, 빙긋 웃었는지, 화를 냈는지, 묘한 표정으로
흘깃 쳐다보고도 계속 갖다주어
지금도 여기저기서 내 눈을 아프게 하고
그를 생각게 하는, 그가 사랑한 수석들

지금 내 둘레 어디를 보아도 그는 없고
그는 거기 있다

평생을 무욕無慾의 실천인으로,
촌부로 자처하며 자족한 사람
나이를 뛰어넘어 달관으로 앞서 가던 사람
일찍이 시정의 명리名利 떨쳐버리고
순박한 농부들과 어울리며,
그날그날 〈산촌일기山村日記〉 붓으로 필사하여
삶의 흔적 남기더니
청정한 공기 같은, 물 같은 작은 거인 장문평
이제 그는 어디에도 없고
내 둘레 곳곳에 어디에도 있다

타는 노을 속
강마을 산중에서 독배獨杯의 눈물 마시며
오늘 그가 그립다

-2003. 7. 26.

눈밭 속의 청매실

–성춘복成春福 시인에게

매梅, 난蘭, 국菊, 죽竹
선비의 상징인 이 넷 가운데서도
상남尙南 성춘복成春福 시인에게서는
이른 봄 눈 속에서부터 은은히 다가오는
매화 향내가 난다
주변의 온갖 잡것 다 덮어버리고
하얀 눈밭 속에 움트고 꽃 피는
외롭고 귀한 꽃
그래서 그는 다중多衆 속에서도 혼자처럼 보인다
늘 누군기에 싸이고
늘 누군가를 걱정하는 사람
그를 미워하는 사람도
그를 따르는 사람도 많은데
어느덧 지내다 보면 다시 그의 곁으로 돌아와
그의 도움을 받고
그의 향내에 빠진다
그는 다재다능多才多能하여 시詩로써 일가를 이루고
담담한 수채화로 눈길을 끌고
그윽한 향내 나는 편지로 뭇사람을 매료시킨다

벗이여, 여전히 젊으시라
잊으시라, 온갖 영욕榮辱
고개고개 이순耳順, 갑년甲年의 고개 넘어
이제 드물다는 고개 희년稀年을 맞으니
그 향기 더욱 무르익어
얼마나 많은 사람 그 곁에서 취하랴
청매실靑梅實 양조주로 그대 수연壽筵 헌주獻酒하오리니
그 향내
그 시서화詩書畵로 길이길이 이 세상 빛내시라

당신은 낙락장송落落長松

—최재복 선배 희수喜壽에 부칩니다

당신은 맑은 물가 단심丹心의 적벽赤壁에
오늘도 청청한 낙락장송落落長松입니다
궂은 날에도 길 일깨우시는
후배 사랑 돈독한, 장강長江에 어리는
청청한 한 그루 굳건한 고목古木 장송長松입니다

사랑에 욕심 많고, 우정에 욕심 많고
통 크게 품어 안는 우람한 욕심의 사나이
당신은 고향 고성固城의 고택古宅 골목길을
뒷짐 지고 산책하는 옛 선비의 기질,
그 모습을 떠올리게 합니다

우리 만난 지 어언 50년의 세월 흘렀습니다
비록 얼굴엔 검버섯 뜨고
우리 곁을 떠난 이도 많지만
당신의 투박한 손길, 당신의 바리톤 목소리는
여전히 우람하고 젊으십니다

동악東岳의 교정에서 우리들의 학예부장

〈네오 드라마〉의 실질적 수장首長
〈명우회明友會〉의 당수
문인산악회의 리더
포커판의 뛰어난 겜블러

칠십칠七十七, 기쁠 희喜, 파자破字해봤더니
아직도 당신은 인생의 초입에 계십니다
때늦게 시작한 시작詩作도 부지런히 하시고
그 욕심 많은 우정, 사랑 골고루 베풀어주사이다
당신은 아직도 학수천년鶴壽千年 길 창창하오니
이 후배, 어리광 헌주獻酒 한잔 받으사이다
-2005. 7.

하얀 박꽃의 시인

-내 친구 박진섭

달빛인가
별빛인가
어두운 구름 사이로 길 열리네
맑고 싱그러운 그 빛 타고
그대 오시어
한국의 초가 위
하얀 박꽃으로 앉아 계시네

오직 착한 이
그대 시인 되고 스승 되어
사람의 길 가르치고 노래하시어
후학들 눈뜨게 하고
집안에서는 따스한 자손이고 사랑의 어버이시며
가여운 누이의 승천 슬피 우는 시인이셨네

아, 어려운 세태와 나라 걱정
이제는 돌아와 우리에게도
그대 따뜻한 손길 쥐어주게
맑고 하얀 박꽃의 시인

그대 영원하여라
어두운 광야의 빛이거라

—1988.

다시 세월의 언덕에서

–홍기삼 형의 고희에 부쳐

어느새 그가 고희의 언덕에 섰는가
그 가파른 길을 어느새 쫓아왔는가
억새 우는 언덕에서 하염없이 노을 바라보고 있는데
그가 와 벗하려 하네

그는 유능한 재사才士다
그는 앞뒤의 사람을 밀고 끌어주는 지혜의 역사力士다
슬기로운 남산의 스승이다
그의 둘레에 숱한 배움의 인재들 모여
동악東岳의 지식, 문화, 예술, 과학이 무성하더니
어느새 하산이신가

그를 보면
반짝이는 새벽별이 보인다
어두운 길에서도 곧장 행방을 찾는다
저무는 노을빛 속에 노래를 찾는다
서릿발 준엄한 삶의 가늠자를 찾는다

언젠가 내가 길을 잃고 헤맬 때
젊은 후학 홍기삼은 날카로운 직관直觀으로

길을 찾아주었다
시는 결코 개인사에 집착하지 말라
큰 역사의 강물에 빠져 고민하고 몸부림쳐 보라
홍 교수여!
그 뜻 잊지 않으려 아직도 노력하고 있네

혼돈의 시대가 와 그가 괴로워할 때
나는 그를 돕지 못했다
다만 그가 훼절하지 않기를 소원했다
그리고 그는 훌륭히 그것을 극복하여
일가를 이루었다

이제 어차피 우리는 세월의 언덕을 넘어선
동행이 아닌가
억새 우는 노을빛 언덕에서
그대 고희의 술잔 한번 나누세
이 나이 든 친구의 헌주獻酒 한잔 받으시게
길이길이 건승, 건필하시게

—을축년 가을

| 발문 |

인문주의의 바보새

구중서 **문학평론가**

강민 시인의 이번 시집에는 자신의 일생 행로가 다 담겨 있다. 서울 태생인 그가 금호동 한강 가에서 놀던 소년 시절부터, 최근까지 살았던 양평 남한강 가의 동오리 생활을 거쳐, 지금 다시 서울 인사동에 들르며 작고한 민병산 선생을 못내 그리워하는 데에 이르고 있다. 이것이 이제까지 그가 지내온 세월이다.

원래 소탈한 성품에 호인 기질을 가진 그는 사회적으로 널리 인간관계를 형성하였다. 그러나 이 관계들은 다만 순수하게 시인으로 살아왔다는 것뿐이다. 시를 쓰되 그는 감수성과 기교의 짙은 밀도로 내면화하지 않았고 결벽스럽지도 않았다. 그는 평범한 일상성 안에서 가장 인간적인 시인이었다.

예술을 위한 예술이어야 하는가, 예술이면서도 그 이상의 무엇을 더 가질 수 있는 것이 좋은가, 그 이상의 무엇은 또 과연 무엇인가. 최후의 가치 척도는 다시 '현실'이고 현실 안의 인간이다. 개성이 많다고 그들을 폄하할 필요는 없다. 그들은 치열한 감수성으로 이루는 일이 있고 그것이 그들의 몫이다.

여기에서는 다만 분칠하지 않은 일상으로 시를 쓴 강민의 경우를 보고자 한다. 강민 시인의 생애 역정을 보면 바로 우리의 현대사를 생생하게 목도하는 것 같다.

나 어릴 적 놀던 한강에는
상류 살곶이다리 쪽에서 흘러오는 물과
광나루 쪽에서 흘러오는 물이 합쳐지는
합수머리에
무수막 한강이며
두뭇개 한강이라는 이름으로 불리우는
물 흐름이 있었다
여름이면
우리는 거기서 벌거벗고 멱을 감고
텀벙거리며 칼조개를 줍고
아저씨들의 신기한 낚시질이며 자맥질도 보았다
건너편에는 나룻배를 타야 건너갈 수가 있었는데
거기는 주로 참외밭, 수박밭이 차지하고 있었다
거기가 지금은 강남이라는 불야성의 도심이다
물만 흐르는 것이 아니다
세월도 흐른다
—「한강은 흐른다」 중에서

한국 현대사의 원천은 아직 소년들이 텀벙대던 맑은 수심의 냇물 같은 것이었다. 그러나 현대의 악마적 속성은 간단히 전쟁으로 더불어 나타난다. 전쟁은 정치나 경제보다 몇 배 더 철저한 극한의 상황이다. 그 6·25 한국전쟁을 강민은 열아홉의 나이로 일찍이 겪었다.

이른바 '장정 소개령'에 의해 비틀거리며 걸어가는 젊은이들. "뒤에선 포성이 들리고 / 굶주리고 지친 우리는 비틀거리며 걷고 있었다 / 강산은 하얗게 눈으로 덮여 있었으나 / 숱한 발길에 밟힌 길은 녹으며 질척거렸다 / 터진 신발로 스며드는 찬 물기에 얼어 발은 감각이 없었다 / 그때 우리에게는 밤낮이 없었다"(「삼도천 기행 1」 중에서)

> 억마를 걸었을까 먼동이 트기 시작하며 사방이 훤해졌다 눈은 어느덧 멎고 아무 흔적도 없는 벌판에 우리 발자국만 선명하게 찍혀 있었다 동그랗게 동그랗게 직경 십여 미터의 원을 그리며 그 발자국은 제자리에서 빙글빙글 돌며 찍혀 있었다 1951년 1월 후퇴 대열에서 낙오한 우리 다섯 사람의 전쟁터는 그렇게 갈피를 잡을 수 없는 미로를 헤매고 있었다
> —「미로」 중에서

방향을 알 수 없어 제자리에서 빙빙 도는 대열의 미로. 역사의 미로, 강민의 미로는 이렇게 관념이 아니고 절실한 현실이었다. 그 뒤로도 이 미로는 그에게서 오래 계속된다.

1960년 4월 20일
온 장안이 데모대의 함성으로 뒤덮이고
사방에선 총성이 울리고
신문사가 불타는 등, 거리는 질서가 무너지고
영구 집권을 꿈꾸는 불의와 부정의 무리들
물러가라 소리치며
폭압으로부터의 해방과
3·15 부정선거의 무효화를 요구하는
데모대의 함성이 요동치고 있었다

시내 곳곳에서 함성이 일고
저녁 어스름이 깔린 거리에서
나는 비겁한 방관자였다
—「비망록에서 1」 중에서

이것은 다 알려진 역사의 현장이다. 그런데 이것이 시가 되는가. 명료하고 담담한 언술 끝에 "나는 비겁한 방관자였다" 한 데서 시가 되었다. 그는 투사도 영웅주의자도 아니었다. 그리고 좀 갑갑할 정도로 고지식하다. 이 시의 현장은 을지로 입구 내무부 청사 앞이었다. 당시 이곳은 시위의 한복판이었다. 바로 이 자리에서 총탄에 맞아 죽은 학생들도 있었다. 그만한 상황이면 한 청년 강민은 그때 그 현장에 있었다고만 해도 괜찮지 않을까. 그때 그 자리에서는 시위자와 방관자가 구별되기도 어려

웠다. 그런데 굳이 "나는 방관자였다"라니. 강민의 양심으로 그랬었나 보다.

시적 서술의 문맥에도 불의와 부정에 대한 비판은 나타나 있다. 양심의 기준은 그에게 있어서 다만 행동 자체에 대한 예민한 솔직성 그것이다. 그리고 여기서부터가 문제다. 그는 무슨 '체'를 하지 못한다. 민주화 운동권인 체, 혁명가인 체를 하지 않는다. 그러나 그의 마음에는 역사에 대한 본질적인 의식이 있다.

"달려가고 싶은 그 강변 / 그 산기슭 / 아득히 먼 / 고구려의 땅"(「밤 기차에서 5」 중에서) 이것은 옛 고구려의 땅 만주를 수복하자는 얘기가 아니다. 아득히 멀다고 하였다. 다만 민족의 역사 몸통에 대한 본능적인 애착으로서의 의식을 가지고 있다. 먼 의식으로라도 고구려를 느끼고 말하는 사람과 그렇지 않은 사람은 다르다. 생명의 큰 주체로서 고구려를 사랑하는 사람의 수가 줄어가고 있다.

어디선가 실성한 듯
거대한 손들이 춤을 추며 웃고 있다
무리들은 그들만의 기쁨에 겨워
바늘을
역사의 수레바퀴를 거꾸로 돌리고 있다

어둠은 허리케인을 타고
태평양을 건너와

이 땅에도 몹쓸 비바람을 뿌린다

만나야 할 사람들의 거리는
더 멀어지고
우리들의 사랑은
몽땅 미분양이다
—「기상도」 중에서

'분양'은 지금 이 사회에서 사랑의 복지 개념이 아니다. 부동산 투기의 개념이다. 서울의 강남 아파트촌과 모든 뉴타운 개발에 해당하는 것이 분양이다. 생생하게 역사를 체험해가는 강민 시인은 젊은 시절에 분양은 받지 못하고 살던 집에서 철거를 당한 적이 있다.

어머니는 밥상을 들고
어쩔 줄 몰라 우왕좌왕하셨다
오후 다섯 시까지 철거하라는 통지를 받고
그 집에서의 마지막 식사를 하려던 참이었다

서울 중구 광희동 2가 65의 2
그 험한 전쟁에서도 용케 견뎌
늙으신 어머니와 우리 삼 남매에게
풍상을 막아주던 남루하지만 따뜻했던 판잣집

돌연 밖에서 쿵 하는 굉음과 함께
천장에서 풀썩 먼지가 일며 와르르 깨어진 기와가
쏟아져 내렸다
시간은 아직 다섯 시 전이었다
—「비망록에서 2」 중에서

아직 정해진 시간 다섯 시 전인데, 건장한 철거반원은 말도 없이 웃으며 해머로 지붕을 내리쳤다. 소년 강민이 놀던 금호동 강 건너 참외밭 수박밭이던 강남은 부자들의 투기 대상이 되어 있다. 강민의 광희동 집에 대토로 주어졌다는 상계동의 황무지 언덕배기는 기거할 방도가 막연한 데였다. 이것이 한강은 흐르고 세월도 흐르는 모습이다.

태평양 쪽으로부터 오는 허리케인 이 바람은 아파트 투기 시대를 계속 밀고 가며, 한 걸음 더 나아가 국책 사업으로 거대한 토목공사들도 벌인다. 사랑의 복지 분야 개념은 점점 멀어지고 자연의 생태계마저 훼손될 위기에 있다. 강민의 시 「기상도」가 말하는 대로 "역사의 수레바퀴를 거꾸로 돌리고 있다".

이러한 역사 속에서도 강민 시인에게 나름의 전성시대가 없었던 것은 아니다. 60년대 명동을 문우들과 주름잡고 다니던 시대가 있었다. 그 편력의 첫 장면이 그의 시 「명동, 추억을 걷는다」이다. "폭격으로 폐허가 된 건물 지하에 / 수십 집이 얼기설기 칸을 막고 영업을 해서 / 우리가 〈아방궁〉이라 불렀던 곳에는 / 이제 이름 모를 큰 빌딩이 치솟아 있고" 50년대 후반 폐

허에서 시작된 명동 문단은 60년대까지 계속되고, 그 다음에는 한국기원이 자리 잡은 관철동으로 옮겨 가고, 그 다음에는 인사동으로 옮겨 오늘까지 계속된다.

이 흐름 안에 민병산·신동문·천상병·김관식·이현우·신경림·박봉우·신기선·민영·강민·황명걸 등이 있었다. 이것은 풍류 문단이라는 전 시대의 개념과는 다르게 물질주의와 관계없는 인문주의적 우정의 어울림이었다.

그러면서도 강민 시인은 근년에 보인 이색적인 면모로서 조용한 외침의 시를 쓰기도 했다. "부러진 날개로 비상한 / 바보새여 / 죽음으로 바꾼 / 병든 민주주의의 회로여"(「5월, 바보새에게」 중에서) 노무현의 죽음에 대한 시다. 그해 같은 5월에 시인의 아내도 세상을 떠났다. 사랑하는 사람들에 대한 연민으로 그는 "바보새여"를 외친 것이다. 그리고 시인도 역시 하나의 아름다운 바보새다.